De huevo a lechuza

por Jessica Quilty

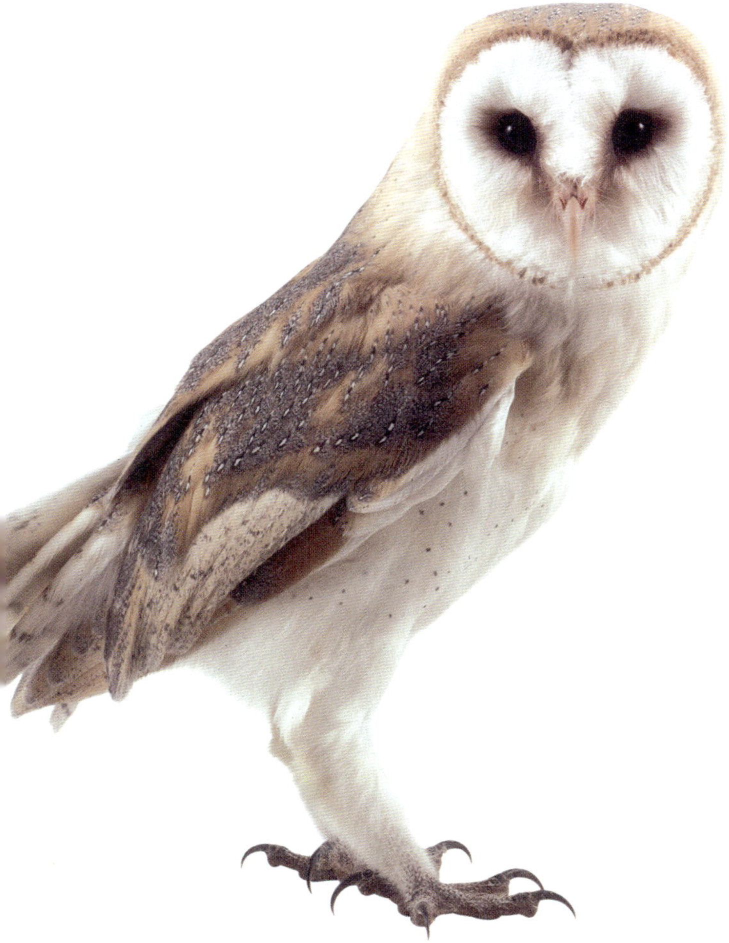

Lo que ya sabes

Las plantas y los animales cambian a medida que crecen. Esos cambios forman un ciclo de vida. Los distintos seres vivos tienen diferentes ciclos de vida.

La vida de una rana empieza de un huevo. Del cascarón del huevo sale un renacuajo. El renacuajo crece y se convierte en rana. Las mariposas también cambian y crecen. Su vida comienza de un huevo. Del huevo sale una larva u oruga. Se ve muy diferente a una mariposa adulta. Luego la larva cambia dentro de una cubierta llamada capullo. Ahí se convierte en una pupa. La pupa es una mariposa cuando sale del capullo.

Esta mariposa acaba de salir del capullo.

Las plantas cambian y crecen. Muchas nacen de semillas. La envoltura de la semilla es una cubierta dura que protege la semilla. De las semillas salen plántulas. Esas plantas pequeñas crecen y tienen flores, tallos y hojas.

Los árboles son plantas. Algunos árboles tienen flores. Algunos tienen conos. Los árboles crecen y cambian.

Al igual que otros seres vivos, las lechuzas comunes tienen un ciclo de vida. Cambian y crecen de muchas maneras. Ahora vas a leer sobre cómo cambian y crecen estas lechuzas.

lechuza común

En busca de nido

Las lechuzas necesitan un buen nido para poner sus huevos. Los distintos tipos de lechuzas buscan nidos en lugares diferentes. Las lechuzas no hacen sus propios nidos. Usan nidos que encuentran ya hechos.

huevos de lechuza

Las lechuzas anidan en cuevas y en árboles. También buscan nidos en los techos.

En los nidos, las lechuzas protegen sus huevos de otros animales. Los nidos también sirven para abrigar las lechuzas, los huevos y los pichones.

Nacen de huevos

La mamá lechuza se pone encima de los huevos para mantenerlos tibios. Esto se llama empollar. La mamá lechuza espera a que los huevos se rompan.

Después de treinta días el huevo se empieza a romper. Las lechuzas ponen un huevo a la vez. A veces esperan un día para poner otro. Los huevos se rompen en ese mismo orden.

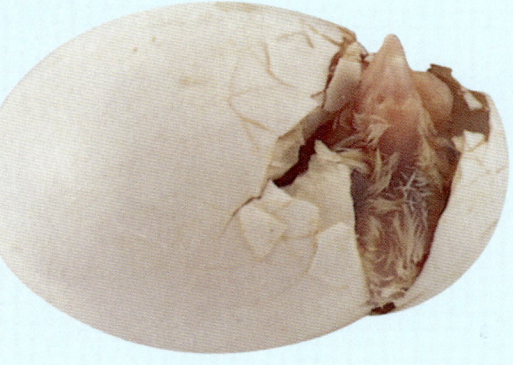

El pichón de lechuza rompe el huevo. Empieza a salir del cascarón.

Las crías de las lechuzas se llaman pichones. Poco a poco, rompen el cascarón hasta que salen completamente. Entonces son muy chiquitos. Están cubiertos de plumón, que es un tipo de pluma muy suave. El plumón se cae a medida que los pichones crecen.

Despacio, el pichón sale del cascarón.

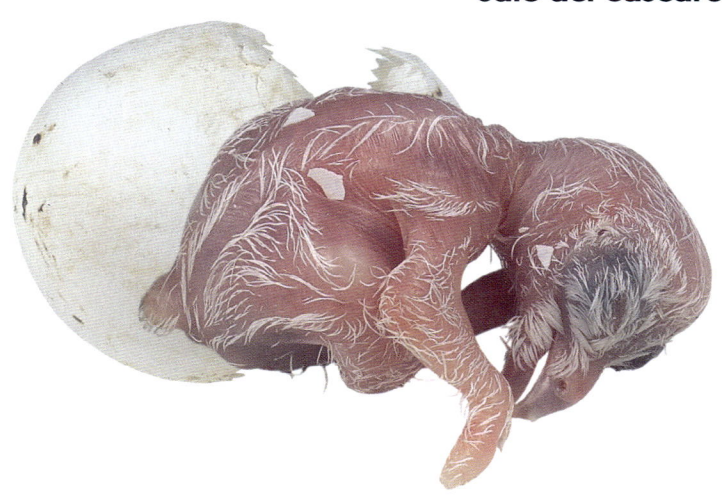

Crecen rápido

Los pichones pasan por muchos cambios. El plumón se les cae a la semana de vida. Después, les sale otro tipo de plumón más grueso. Forma una capa que protege a los pichones durante unas siete semanas.

Pichón a una semana de vida

Pichón a las tres semanas de vida

A los pichones aún les falta mucho por crecer. Siempre tienen hambre. Sus padres están ocupados buscando comida para alimentarlos. A las tres o cuatro semanas de nacidos, los pichones son más altos y fuertes.

Más grandes

A las seis semanas, las lechucitas han crecido. Son casi del mismo tamaño y peso que tendrán de adultas. Pero todavía no están listas para dejar el nido. Las pequeñas lechuzas tratan de volar y cazar por su cuenta.

Lechuza de seis semanas

Las lechucitas empluman cuando tienen unas siete semanas. Emplumar significa que les salen las plumas de adulto que necesitan para volar. Ya son grandes y fuertes. Están casi listas para dejar sus nidos y salir a ver el mundo.

Una lechuza de ocho semanas está casi lista para volar.

Lechuza de ocho semanas

Jóvenes adultas

Las lechuzas ya son grandes y fuertes. Están listas para volar. Empiezan a dejar el nido para hacer viajes cortos. A las nueve semanas ya se pueden alejar más tiempo.

Lechuza de diez semanas

Las lechuzas se alejan y luego regresan a sus nidos.

Las lechuzas son animales nocturnos. Esto quiere decir que se mantienen activas de noche. Cuando son adultas, las lechuzas buscan alimento durante toda la noche.

Cuando tienen casi un año, las lechuzas empiezan a buscar su propio nido. Ya pueden empezar a poner sus propios huevos.

De huevo a lechuza

El ciclo de vida de las lechuzas comienza con un huevo. Después de ser empollado un mes en el huevo, el pichón sale del cascarón. Una vez fuera del cascarón, el pichón crece muy rápido. Se vuelve más grande y fuerte.

Al salir del cascarón

Una semana de vida

Tres semanas de vida

Seis semanas de vida

Ocho semanas de vida

Los pichones tienen plumón. Luego se les cae y cambian. Pronto les salen las plumas que los ayudarán a volar. Cuando tienen doce semanas ya son lechuzas adultas. Están listas para dejar el nido y salir a cazar de noche.

Diez semanas de vida   **Doce semanas de vida**

Glosario

emplumar empezar a salir las plumas que sirven para volar

empollar calentar un ave los huevos hasta que nace la cría o pichón

nido hogar para animales hecho de partes de plantas

nocturno que se mantiene activo de noche

pichón de lechuza cría de lechuza

plumón tipo de pluma muy suave